CRITERI SMART

INFORMAZIONI CHIAVE

- **Nomi:** Obiettivi SMART, criteri SMART, metodo SMART, obiettivi SMART, metodo SMARTER

- **Utilizzi:**

  - Nel management e nella gestione dei progetti, i criteri SMART vengono utilizzati per definire gli obiettivi e gli indicatori chiave di prestazione (KPI) e per facilitarne il raggiungimento.

  - Nel campo delle scienze umane e dello sviluppo personale, vengono utilizzati per definire gli obiettivi di apprendimento.

- **Perché ha successo?** Il principio è semplice: un obiettivo deve soddisfare cinque criteri per confermare la sua rilevanza. Deve essere specifico, misurabile, assegnabile, realistico e limitato nel tempo. L'acronimo mnemonico SMART consente di tenere a mente questi elementi, che aiutano a fissare obiettivi realistici.

- **Parole chiave:**

  - <u>Indicatore chiave di prestazione (KPI)</u>: tipo di misurazione per valutare l'efficacia o l'efficienza.

  - <u>Obiettivo</u>: il risultato ideale che deriva dall'attuazione di specifiche azioni.

○ <u>Gestione del progetto</u>: organizzazione di tutte le azioni volte a raggiungere un determinato obiettivo.

INTRODUZIONE

Nel 1954, nel suo libro *The Practice of Management*, Peter F. Drucker (consulente di gestione aziendale, 1909-2005) definì il concetto di gestione per obiettivi (MBO), ovvero diede una definizione di obiettivi quantitativi e/o qualitativi entro un determinato arco di tempo. Specificò, inoltre, che i dipendenti devono essere coinvolti nella definizione degli obiettivi per poter poi misurare e valutare le loro prestazioni. Senza utilizzare formalmente l'acronimo SMART, Drucker ha gettato le basi di questo concetto.

 ## GESTIONE AZIENDALE

Nel corso del XX secolo, molti autori hanno esaminato le qualità necessarie per essere un buon leader. È il caso di Kenneth Blanchard (esperto americano di leadership e management, nato nel 1939) e Paul Hersey (psicologo americano, 1931-2012), che difesero l'idea che una persona in grado di stabilire obiettivi e di adattare la propria leadership, di conseguenza sia un buon leader.

Solo quando George T. Doran (professore di management, 1939-2011) pubblicò l'articolo "There's a S.M.A.R.T. Way to Write Management's Goals and Objectives"

(Doran, 1981) apparve il concetto di obiettivi SMART. Doran affermò che non tutti gli obiettivi debbano soddisfare i criteri SMART e che sia più utile utilizzarli come linee guida.

DEFINIZIONE DEL MODELLO

L'acronimo SMART si riferisce a cinque concetti che devono essere costantemente richiamati quando si definiscono gli obiettivi, al fine di convalidarne la pertinenza. Nell'ordine, i concetti sono specifici (S), misurabili (M), assegnabili (A), realistici (R) e limitati nel tempo (T).

In origine, questo modello è stato utilizzato per definire le specificità di un obiettivo o di un indicatore concreto in un contesto manageriale o di project management, che implica il superamento dell'idea astratta e l'adozione di azioni efficaci. La semplicità dello strumento ha fatto sì che venisse utilizzato anche in altri ambiti, come quello delle risorse umane, dove l'obiettivo finale è quello di incoraggiare lo sviluppo personale e aumentare le performance dei dipendenti. Questa tecnica può essere utilizzata anche a livello individuale (fissando obiettivi personali SMART) o di gruppo (un manager può fissare obiettivi che il gruppo deve raggiungere insieme).

Sebbene esistano diverse alternative a questo acronimo, in questa sede verranno analizzate solo le varianti più comuni.

TEORIA

CRITERI SMART

Mentre possiamo definire un obiettivo come il risultato di una serie di obiettivi da raggiungere, gli obiettivi stessi possono essere suddivisi in una serie di sotto-obiettivi. Ad esempio, per vedere aumentare le vendite (l'obiettivo finale), il manager fisserà il target di acquisire 100 nuovi clienti.

Per quanto riguarda i criteri, essi sono gli elementi necessari per la valutazione di un obiettivo, mentre gli indicatori servono a verificare che siano soddisfatti. Così, un criterio per stabilire la scadenza per il completamento di un obiettivo può essere controllato da un indicatore temporale, come ad esempio "entro una settimana".

Sia i dirigenti che i dipendenti possono fare riferimento ai criteri SMART. I primi tenderanno a fissare obiettivi per il team di cui sono responsabili, mentre i secondi ne stabiliranno di personali.

Iniziamo ad analizzare più in dettaglio i cinque elementi che compongono l'acronimo SMART, secondo George T. Doran:

- **Specifico.** L'obiettivo deve riferirsi a un elemento specifico. Questo criterio evita formulazioni troppo ampie – e, pertanto, troppo vaghe – come "aumentare i profitti dell'azienda". Un'opzione migliore sarebbe qualcosa come "ridurre il costo della macchina A", dove i benefici possono essere quantificati. In questo esempio, "aumentare i profitti dell'azienda" sarà considerato l'obiettivo finale che verrà raggiunto riducendo il costo di una macchina. Definendo con precisione un obiettivo, le azioni necessarie per raggiungerlo diventano più chiare. Si possono aggiungere dei sotto-obiettivi (diminuzione del tasso di scarti, del numero di guasti, ecc.). Un buon obiettivo, secondo questo criterio, è definito da questi aspetti principali: si applica a un ambiente o a un luogo preciso e ha anche un finanziamento specifico.

- **Misurabile.** È fondamentale considerare questo aspetto, che consente di misurare i risultati quando si fissano gli obiettivi aziendali. Per raggiungere questo obiettivo, l'azienda deve disporre di mezzi affidabili, in primo luogo per accedere ai dati e in secondo luogo per interpretarli correttamente. Non sempre è possibile o facile quantificare un obiettivo, poiché alcuni saranno più qualitativi che quantitativi. Ad esempio, l'obiettivo di migliorare l'immagine dell'azienda sarà difficile da quantificare. Tuttavia, è necessario affrontare questa componente. In questo caso, è possibile condurre indagini e raccogliere dati numerici (la percezione dell'azienda da parte del pubblico su una scala da 1 a 10) e, quindi, adeguare l'obiettivo.

- **Assegnabile.** Una o più persone devono essere chiaramente identificate come responsabili del completamento dell'obiettivo. Può trattarsi di collaboratori interni o esterni all'azienda. È anche possibile definire un obiettivo personale.

- **Realistico.** Questo concetto mira a differenziare la situazione ideale – più difficile da raggiungere – dall'obiettivo concreto. Esso deve poter essere raggiunto con i mezzi attuali dell'azienda o con nuovi mezzi ragionevolmente accessibili. Nel definirlo, per renderlo realistico, si deve tenere conto anche della legislazione in vigore. Questo criterio avrà un impatto sulla motivazione e sul coinvolgimento dei dipendenti; quindi, deve anche trovare un equilibrio tra la sfida e la possibilità di raggiungere l'obiettivo. Può essere utile pensarne un altro meno ambizioso in caso di fallimento.

- **Limitato nel tempo.** È importante stabilire una scadenza quando si definisce l'obiettivo. Senza un termine, esso potrebbe perdere la sua concretezza e, quindi, potrebbe non essere possibile verificare se è stato raggiunto o meno.

I cinque elementi qui presentati sono quelli suggeriti da George T. Doran. Nella sezione "Estensioni e modelli correlati" vedremo che ne esistono diverse varianti.

VANTAGGI DEL MODELLO

Sebbene la semplicità e la caratteristica mnemonica dell'acronimo siano i principali vantaggi del modello, ve ne sono altri:

- In primo luogo, il modello promuove il raggiungimento di risultati concreti, concentrandosi sugli
  aspetti tangibili e quantificabili degli obiettivi;

- In secondo luogo, può essere applicato a vari settori e
  può essere utilizzato anche nella vita privata delle
  persone;

- Infine, i criteri SMART rendono l'obiettivo completo e
  richiedono pochi o nessun dettaglio aggiuntivo.

APPLICAZIONE PRATICA

Sebbene il metodo SMART sembri relativamente semplicistico, dovrete assicurarvi di seguire attentamente le fasi di definizione di uno o più obiettivi, in modo da raggiungerli entro un tempo stabilito evitando le numerose insidie potenziali.

CONSIGLI E SUGGERIMENTI

Regola n. 1 – Un obiettivo deve essere specifico.

In qualsiasi campo, la riflessione inizia di solito con il primo criterio: la specificità dell'obiettivo. Questo serve a ricordare ai manager che devono essere precisi e tenere costantemente a mente tutti gli aspetti dell'obiettivo che vogliono definire. Se utilizzato nella gestione dei progetti o nel marketing, la prima domanda da porsi è: "Assegnerò obiettivi diversi a ciascun lavoratore o un obiettivo generale al capo reparto?". Se un manager vuole assegnare obiettivi diversi a ciascun dipendente, è molto probabile che inizi con la definizione di un obiettivo generale, prima di suddividerlo tra i diversi reparti e dipendenti. Può anche scegliere di fissare un obiettivo generale e chiedere ai capi reparto di assegnare dei sotto-obiettivi ai propri team. Se vengono fissati in modo partecipativo, i dipendenti collaborano direttamente alla definizione dell'obiettivo: fanno parte del progetto e possono esprimere la propria opinione.

Questo approccio garantisce un maggiore coinvolgimento da parte loro, che si impegnano fin dall'inizio del processo.

Regola n. 2 – Un obiettivo deve essere misurabile.

Per quanto riguarda la misurabilità quantitativa o qualitativa dell'obiettivo, è necessario, innanzitutto, non soltantoo definire l'obiettivo in termini di cifre, ma anche cercare di pensare a come queste cifre possano essere ottenute. Questo non è sempre facile da capire, perché le informazioni sono costose (ad esempio, una ricerca di mercato completa) o difficili da analizzare in modo oggettivo (ad esempio, la creazione di un prodotto di qualità).

Se l'azienda non dispone di un dipartimento in grado di consolidare questi dati, è importante in questa fase elaborare una panoramica completa dei dati che sia facilmente accessibile attraverso una rete interna. Un'organizzazione spesso dispone di più risorse di quanto la persona che cerca informazioni possa pensare, anche se sono suddivise tra diversi dipartimenti (contabilità, marketing, finanza, ecc.). I dati raccolti in un determinato momento dovrebbero essere salvati, in quanto servono come punto di riferimento per confrontare i risultati registrati dopo la scadenza stabilita.

Sebbene il concetto di valutazione sia implicito nel modello, è comunque importante tenere presente che questa fase aiuterà notevolmente il manager a posteriori, quando valuterà i risultati finali dell'obiettivo. In alcuni casi, può essere vantaggioso prevedere diversi scenari a seconda dei limiti che verranno utilizzati per determinare se l'obiettivo sia stato raggiunto: se l'obiettivo è aumentare le vendite del 25%, a che punto il manager è soddisfatto o, al contrario, a che punto decide di cambiare strategia? Il 25% è un limite inferiore difficile da raggiungere o un aumento del 20% sarebbe già considerato un successo senza mettere in discussione la strategia? Il manager reagirà in modo diverso se noterà un aumento delle vendite del 15% o del 20% quando contava su un incremento del 25%. In base a questi scenari, si possono applicare diversi tipi di misure correttive.

Regola n. 3 – Un obiettivo deve essere assegnabile.

Il passo successivo consiste nell'assegnare questo obiettivo a un membro del personale o a una persona o organizzazione esterna, in base alle risorse disponibili e al costo dell'outsourcing necessario. In pratica, è chiaro che alcuni manager preferiscono nominare un responsabile prima di affrontare le questioni pratiche legate alla valutazione dei risultati. In questo modo, un manager può stabilire, insieme all'addetto alle vendite a cui è stato assegnato il compito, il numero di vendite che dovrebbe realizzare, in base a quelle registrate l'anno precedente.

Regola n. 4 – L'obiettivo deve essere limitato nel tempo.

È quindi il momento di stabilire quando l›obiettivo può/ deve essere completato. È responsabilità del manager sviluppare una strategia per garantire il rispetto delle scadenze. Poiché è consigliabile prevedere una certa flessibilità in caso di circostanze impreviste, egli cercherà di comunicare ai propri collaboratori un calendario più serrato. Tuttavia, questo stratagemma non deve essere utilizzato in modo eccessivo, poiché più il tempo è breve, più aumenterà la pressione sui lavoratori. Può anche essere saggio usare il diagramma di Gantt per pianificare i sotto-obiettivi, in modo da mantenere il controllo sul processo di raggiungimento degli obiettivi.

 ## IL DIAGRAMMA DI GANTT

Il diagramma di Gantt (ideato nel 1910 dall'ingegnere e consulente di gestione americano Henry L. Gantt, 1861-1919) è utilizzato principalmente come strumento di gestione dei progetti. Fornisce una panoramica dei vari compiti da svolgere (indicati dalle barre orizzontali) e della loro possibile sovrapposizione nel tempo. Attualmente esistono molti tipi di software, gratuiti o meno, per creare questo tipo di diagramma.

Regola n. 5 – Un obiettivo deve essere realistico.

Infine, è necessario assicurarsi che l'obiettivo sia raggiungibile. Questo concetto è l'elemento più soggettivo del modello e spetta al manager valutare l'obiettivo con l'aiuto degli strumenti a disposizione (analisi statistiche, ricerche di mercato, indagini di soddisfazione, ecc.). A tal fine, dovrà utilizzare:

- cifre tangibili per stimare la situazione prevista;

- esperienze passate;

- previsioni per valutare la situazione futura.

Il manager può scegliere di verificare l'aspetto realistico dell'obiettivo in base ad alcune o a tutte le nozioni sopra menzionate. In quest'ultimo caso, verificherà preventivamente che le persone assegnate al progetto abbiano mezzi sufficienti per raggiungere l'obiettivo nei tempi previsti. Questo criterio è, a nostro avviso, il più difficile da cogliere e sarà anche il più contestato.

 ## LO SAPEVATE?

L'"intuizione" nel management si riferisce agli elementi emotivi e inconsci che non sempre sono giustificati da dati oggettivi e che guidano il manager nel suo processo decisionale. Egli sarà in grado di percepire se il nuovo progetto può essere realizzato o meno in base alla sua competenza e alle sue esperienze in situazioni simili.

Sebbene il metodo SMART sia utilizzato per definire correttamente gli obiettivi, non deve mai essere usato come una lista di controllo completa quando si stabilisce un obiettivo: alcuni elementi dell'acronimo possono mancare. Pertanto, un obiettivo non misurabile sarebbe certamente meno facile da realizzare, ma non necessariamente inutile.

CASI DI STUDIO

Per illustrare la teoria, qui vedrete due esempi di definizione di obiettivi SMART in due aree diverse: la gestione dei progetti e lo sviluppo personale.

Criteri SMART nella gestione dei progetti

> *L'azienda A sta investendo in una nuova macchina per aumentare la produzione di compresse. Il 5 gennaio, il manager formula il suo obiettivo SMART come segue: "Nel secondo trimestre, George Dupond, responsabile del progetto, mostrerà un aumento effettivo di 10 000 unità mensili aggiuntive a livello di produzione, grazie alla nuova macchina AX-02".*

- **Forza:** Questo obiettivo soddisfa tutti i criteri degli obiettivi SMART. Il manager può valutare se l'obiettivo è stato effettivamente raggiunto nel periodo di tempo scelto. In questo esempio, sarà facile confrontare la produzione con quella di dicembre (supponendo che la produzione sia costante), ad esempio, e verificare l'aumento della produzione nel secondo trimestre.

- **Punti deboli:** L'arco temporale è relativamente vago. I lavoratori tenderanno a considerare la scadenza come la fine del secondo trimestre, mentre per il manager sarà l'inizio del secondo trimestre. Per evitare confusione, assicuratevi di fissare un obiettivo che sia il più preciso possibile.

Per stabilire la parte misurabile dell'obiettivo, il manager si baserà sui dati precedenti. Potrà quindi calcolare l'aumento percentuale rispetto all'anno precedente, ad esempio. Si assicurerà, inoltre, che sia possibile vendere questa produzione aggiuntiva effettuando ricerche di mercato specifiche. Verificherà che ciò sia realistico con l'aiuto delle specifiche della macchina e della produttività dei lavoratori.

 ## CASO SPECIALE: PROGETTO CON SOTTO-OBIETTIVI

Se l'azienda A si rende conto che la produzione di tablet è più complessa di quanto pensasse, specificherà due sotto-obiettivi per raggiungere le 10 000 unità aggiuntive.

1. **Trovare nuove materie prime per fabbricare più prodotti.** Il responsabile degli acquisti (assegnabile) sarà, pertanto, responsabile, prima della fine del mese (vincolato nel tempo), di valutare i fornitori, contattarli e firmare un contratto con quello che offre la migliore offerta (specifico e misurabile). Questo obiettivo sembra realistico, poiché questo tipo di compito non esula dalle competenze del responsabile acquisti.

2. **Ottimizzare le impostazioni della macchina per ridurre al minimo gli scarti.** Il secondo sotto-obiettivo sarà completato anche dal responsabile degli acquisti (assegnabile), che troverà la migliore combinazione di diverse impostazioni (specifiche), ad esempio, la dimensione e la forma dello stampo

e la quantità di plastica. Poiché l'inizio della produzione è previsto entro un mese e mezzo, tutte le regolazioni dovranno essere effettuate prima di quella data (time-bound). In concreto, i fattori che rendono un prodotto difettoso dovranno essere eliminati grazie a un software che calcola tutte le opportunità e determina quelle migliori in base al tasso di difettosità (misurabile). Affinché questo obiettivo sia realistico, il responsabile degli acquisti dovrà procurarsi rapidamente il software in questione e acquisire il più rapidamente possibile le conoscenze tecniche per poterlo utilizzare efficacemente.

Criteri SMART per definire gli obiettivi di apprendimento.

> *Augustin, un giovane laureato in letteratura, desidera dedicarsi alla creazione di siti web, ma non sa nulla di programmazione. Compra un libro per creare il suo primo sito web personale in meno di un mese: deve includere un menu e una decina di capitoli. Ogni mattina legge circa 15 pagine di questo libro e completa gradualmente il progetto.*

La differenza principale tra gli obiettivi di apprendimento e gli altri sta nell'adattamento del criterio "assegnabile" in "ambizioso" (con un obiettivo di apprendimento, si preferisce il termine "ambizioso", poiché si presume che l'obiettivo sia sempre personale). Questo non significa assolutamente che gli obiettivi fissati nella gestione dei progetti o nel marketing non debbano essere ambiziosi. Ancora una volta, vogliamo sottolineare che il metodo SMART deve essere utilizzato come strumento per raggiungere i risultati e non come lista di controllo.

IMPATTO

LIMITI E CRITICHE DEL MODELLO.

Ricordate: non tutti gli obiettivi devono essere necessariamente SMART. George T. Doran non ha concepito l'acronimo come una lista di controllo, ma piuttosto come un aiuto alla formulazione di obiettivi per raggiungere risultati tangibili. Pertanto:

- Non è consigliabile utilizzare questo modello in generale ogni volta che si vuole fissare un obiettivo. Infatti, il metodo SMART non è sempre appropriato per la definizione di obiettivi a lungo termine, poiché l'aspetto realistico può frenare quelli percepiti come troppo ambiziosi.

- Non tutti i risultati possono essere misurati in modo oggettivo; inoltre, l'azienda non sempre dispone delle competenze o delle risorse finanziarie necessarie per ottenere e interpretare le informazioni. Tuttavia, questo non significa affatto che debba rinunciare a fissare degli obiettivi.

- L'adattamento dell'obiettivo non è realmente possibile all'interno del modello SMART (tranne che con una variante della "A" come "regolabile", come discuteremo di seguito). Tuttavia, a volte è importante considerare i potenziali cambiamenti dell'ambiente in cui l'azienda opera.

Anche l'imprenditore e docente americano Brendon Burchard (fondatore dell'Experts Academy, nato nel 1977) sostiene che non tutti gli obiettivi dovrebbero essere SMART e lo dimostra attraverso vari esempi: l'obiettivo di Cristoforo Colombo di raggiungere l'India attraverso l'Atlantico era tutt'altro che SMART. All'epoca non era realistico, poiché i tempi erano incerti. Per quanto riguarda l'aspetto misurabile, questo poteva essere realizzato solo in modo binario: l'obiettivo si raggiunge o non si raggiunge. Burchard ricorda che è importante tenere a mente gli ideali e propone un altro acronimo, DUMB, che è l'opposto del modello SMART.

In particolare, sostiene che la natura realistica degli obiettivi SMART è probabilmente la più difficile da valutare. Secondo lui, è necessario fissare un obiettivo sfidante, purché sia fattibile. Se si preferisce la variante "rilevante", è necessario considerare le priorità dell'azienda. Se quella a lungo termine è la riduzione dei costi, un obiettivo che mira ad aggiungere valore al prodotto sarebbe in contraddizione con questo e, quindi, irrilevante. La rilevanza dell'obiettivo viene quindi valutata in termini di priorità a lungo termine dell'azienda, o dell'individuo nel caso di obiettivi di apprendimento.

MODELLI ED ESTENSIONI CORRELATE.

Interpretazioni del modello SMART

Data la sua popolarità, il modello SMART ha molte varianti. La tabella seguente elenca le più comuni:

È diffusa la seguente combinazione: Specifico, Misurabile, Raggiungibile, Rilevante e Limitato nel tempo. In questo caso, assicuratevi di utilizzare i criteri "raggiungibile" e "rilevante" insieme, con il secondo che sostituisce "realistico"; un modello contenente sia "raggiungibile" che "realistico" non avrebbe senso. Il criterio "rilevante" fornisce una dimensione aggiuntiva, ma esclude il concetto di assegnazione di responsabilità per il progetto.

Si consiglia, pertanto, di continuare a utilizzare quest'ultimo, poiché la rilevanza è inclusa sia nel criterio "specifico" che nel modello nel suo complesso.

Modello SMARTER

Il modello SMART ha un'estensione supplementare: SMARTER. Le lettere "E" e "R" si riferiscono alla valutazione e alla revisione. La valutazione retrospettiva è legata all›aspetto misurabile. Sebbene sia implicita nel modello SMART, in particolare la «M», ora deve essere chiaramente identificata per poter rispondere alle seguenti domande:

- Chi è il responsabile?

- Come si può ottenere?

La revisione stessa richiede le misure di adeguamento necessarie a seguito della valutazione. La tabella seguente elenca le variazioni più comuni:

Modello DUMB.

Data la popolarità del modello SMART, Brendon Burchard ha voluto (un po' maliziosamente) metterne in discussione l'uso e la legittimità. Ha, quindi, proposto un nuovo acronimo che consente più ambizione e meno realismo: i criteri DUMB, il cui campo semantico è l'esatto contrario dei criteri SMART.

I 4 elementi che formano l'acronimo sono:

- **Guidati da un sogno.** Gli obiettivi devono essere guidati da un sogno. Proprio come Cristoforo Colombo, gli individui e le imprese devono fissare un ideale che vogliono raggiungere. Un'azienda, ad esempio, deve aspirare a essere la migliore nel suo settore in termini di qualità.

- **Elevante.** In questo caso, la formulazione dell'obiettivo gioca un ruolo importante, poiché deve essere motivante. Burchard lo illustra con l'esempio della perdita di peso. Afferma che l'obiettivo non dovrebbe essere espresso in modo negativo, ma piuttosto come "assomigliare a una top model", che suona più positivo ed è, quindi, più stimolante.

- **Favorevole al metodo.** È necessario progettare una metodologia chiara che permetta alla persona che persegue l›obiettivo di disciplinarsi per raggiungerlo. Con gli obiettivi di apprendimento si possono proporre attività quotidiane per migliorare il proprio livello nella disciplina.

- **Guidato dal comportamento.** Questa volta il
concetto prevede un cambiamento di comportamento che dovrebbe fare la differenza: per realizzare
i propri sogni, le persone non dovrebbero esercitare
troppa pressione su sé stesse, poiché il comportamento ha un'influenza diretta sull'impatto positivo
dell'apprendimento e delle prestazioni.

SINTESI

- Il modello SMART (acronimo di Specific, Measurable, Assignable, Realistic and Time-Bound) è uno strumento utilizzato per definire gli obiettivi nei settori della gestione dei progetti e dello sviluppo personale.

- La sua semplicità e la caratteristica mnemonica, studiata per facilitarne la memorizzazione, sono le ragioni principali del suo successo.

- Esistono molte varianti del modello. Una delle più note è il criterio SMARTER, che aggiunge i criteri di valutazione e revisione.

- Il suo aspetto realistico è stato criticato perché lascia poco spazio ai sogni e alle ambizioni, il che significa che non è adatto agli obiettivi a lungo termine.

- La definizione di sotto-obiettivi può essere essenziale per portare a termine progetti complessi.

- Il manager può scegliere di:

  - assegnare prima l'obiettivo, prima di elaborarlo in modo più dettagliato, o viceversa;

  - includere o meno i dipendenti nella definizione degli obiettivi.

- Tenete presente che questo è un metodo per ottenere risultati, non una lista di controllo. Pertanto, non tutti i criteri devono essere sempre presi in considerazione.

ULTERIORI LETTURE

BIBLIOGRAFIA

Burchard, B. (2014) Gli obiettivi intelligenti sono stupidi. *La vita carica*. [Podcast]. [Online]. [Accesso al 31 marzo 2015]. Disponibile da: <https://itunes.apple.com/gb/podcast/charged-life-brendon-burchard/id821746377?mt=2>

Doran, G. T. (1981) There's a S.M.A.R.T. Way to Write Management's Goals and Objectives. *Management Review*. 70(11), pp. 35-36.

Drucker, P. F. (1954) *La pratica del management*. New York: HarperCollins Publishers.

Haughey, D. (2014) Breve storia degli obiettivi SMART. *Progetto Smart*. [Online]. [Consultato il 31 marzo 2015]. Disponibile da: <http://cdn.projectsmart.co.uk/pdf/brief-history-of-smart-goals.pdf>

Morisson, M. (2010) Storia degli obiettivi SMART. *RapidBI*. [Online]. [Consultato il 31 marzo 2015]. Disponibile da: <https://rapidbi.com/history-of-smart-objectives/>

Prunier, Y. (2013) Un objectif SMART n'est pas la panacée. *Les Echos.fr*. [Online]. [Consultato il 31 marzo 2015]. Disponibile da: <http://archives.lesechos.fr/archives/cercle/2013/04/10/cercle_70057.htm>

Vincent, F. (2013) Créer des objectifs S.M.A.R.T., une formule magique en marketing. *Stratégie marketing PME*. [Online]. [Consultato il 31 marzo 2015]. Disponibile da: <http://www.strategiemarketingpme.com/strategies/creer-objectifs-s-m-r-t-formule-magique-en-marketing/>

Yemm, G. (2013) *Guida essenziale alla guida del team: Come stabilire gli obiettivi, misurare le prestazioni e premiare i talenti.* New York: Pearson Education. pp. 37-39.

FONTI AGGIUNTIVE

Dallas, J. (2015) *Obiettivi intelligenti: Tutto quello che c'è da sapere sulla definizione degli obiettivi S.M.A.R.T.. Sogna in grande, fissa gli obiettivi, agisci.* Edizioni Kindle.

Gudger, J. (2013) *Obiettivi SMART: La guida definitiva alla definizione degli obiettivi.* Edizioni Kindle.

Scott, S. J. (2014) *Gli obiettivi resi semplici - 10 passi per padroneggiare gli obiettivi personali e di carriera.* Edizioni Kindle.

Vogliamo conoscere la vostra opinione!
Lasciate un commento sulla vostra biblioteca online
e condividete i vostri libri preferiti sui social media!

IMPROVE YOUR GENERAL KNOWLEDGE
IN THE BLINK OF AN EYE!

www.50minutes.com

L'editore garantisce l'affidabilità delle informazioni pubblicate, che non possono tuttavia impegnare la sua responsabilità.

Master ISBN: 9782808064729
ISBN cartaceo: 9782808065016
Deposito legale: D/2022/12603/88

Design digitale: Primento,
il partner digitale degli editori.